COLEÇÃO

ALECRIM 3

educação infantil

Praticando a leitura e a escrita

CB123830

Organizadora: SM Educação

Obra coletiva concebida, desenvolvida e produzida por SM Educação.

São Paulo, 3ª edição, 2022

sm

Praticando a Leitura e a Escrita 3
Projeto editorial - SM © SM

Direção editorial Cláudia Carvalho Neves
Gerência editorial Lia Monguilhott Bezerra
Gerência de *design* e produção André Monteiro
Elaboração de conteúdo Mariane Brandão
Edição executiva Valéria Vaz
Edição: Isis Ridão Teixeira, Mírian Cristina de Moura Garrido
Assistência de edição: Marina Farias Rebelo
Suporte editorial: Fernanda de Araújo Fortunato
Coordenação de preparação e revisão Cláudia Rodrigues do Espírito Santo
Preparação: Ivana Alves Costa
Revisão: Beatriz Nascimento, Luciana Chagas
Coordenação de *design* Gilciane Munhoz
***Design*:** Paula Maestro, Lissa Sakajiri
Coordenação de arte Andressa Fiorio
Edição de arte: Rosangela Cesar de Lima
Assistência de arte: Eduardo Sokei, Matheus Taioque, Renata Lopes Toscano
Coordenação de iconografia Josiane Laurentino
Pesquisa iconográfica: Beatriz Micsik
Tratamento de imagem: Marcelo Casaro
Capa Paula Maestro
Ilustração de capa Isabela Santos
Projeto gráfico Ami Comunicação & Design
Pré-impressão Américo Jesus
Fabricação Alexander Maeda
Impressão Forma Certa Gráfica Digital

Dados Internacionais de Catalogação na Publicação (CIP)
(Câmara Brasileira do Livro, SP, Brasil)

Praticando a leitura e a escrita 3 / organizadora SM Educação ; obra coletiva concebida, desenvolvida e produzida por SM Educação. -- 2. ed. -- São Paulo : Edições SM, 2022. -- (Coleção alecrim ; 3)

ISBN 978-85-418-2943-4 (aluno)
ISBN 978-85-418-2941-0 (professor)

1. Aprendizagem 2. Educação infantil 3. Escrita 4. Leitura I. Série.

22-110812 CDD-372.21

Índices para catálogo sistemático:
1. Educação infantil 372.21

Cibele Maria Dias - Bibliotecária - CRB-8/9427

2ª edição, 2022
4ª impressão, novembro 2024

SM Educação
Avenida Paulista, 1842 – 18º andar
Bela Vista 01311-200 São Paulo SP Brasil
Tel. 11 2111-7400
atendimento@grupo-sm.com
www.grupo-sm.com/br

BOAS-VINDAS!

OLÁ, CRIANÇAS, PROFESSORAS, PROFESSORES E FAMILIARES!

O CUIDADO É ALGO FUNDAMENTAL PARA A **COLEÇÃO ALECRIM**, QUE TEM COMO FOCO O DESENVOLVIMENTO INTEGRAL DAS CRIANÇAS. PARA ISSO, OFERECEMOS DIFERENTES FERRAMENTAS, COMO OS LIVROS PRINCIPAIS, OS LIVROS DE CONTOS, OS LIVROS DO PROJETO *PLANETA VERDE* E OS VOLUMES DE *PRATICANDO A ESCRITA E A LEITURA*.

NESSE CONTEXTO, O MATERIAL QUE VOCÊS TÊM EM MÃOS FOI FEITO ESPECIALMENTE PARA APOIAR O DESENVOLVIMENTO DAS HABILIDADES DE **LEITURA** E DE **ESCRITA**. AS ATIVIDADES AQUI PROPOSTAS FORAM PENSADAS PARA AS CRIANÇAS DA EDUCAÇÃO INFANTIL E TRAZEM MUITAS POSSIBILIDADES PARA QUE TODAS POSSAM **BRINCAR** E APRENDER.

POEMAS, CANTIGAS, CONTOS, DITADOS POPULARES, BILHETES E OUTROS TIPOS DE TEXTOS SÃO APRESENTADOS E TRABALHADOS DE MODO QUE CADA CRIANÇA POSSA CONSTRUIR O PRÓPRIO REPERTÓRIO E DAR OS PRIMEIROS PASSOS NO REGISTRO DE SUAS EXPERIÊNCIAS, IDEIAS E PERCEPÇÕES.

VAMOS LÁ?

EQUIPE EDITORIAL

Bruna Assis Brasil/ID/BR

CONHEÇA SEU LIVRO: AS FICHAS DE TRABALHO

ATIVIDADES NO VERSO DA FICHA DE TRABALHO

ATIVIDADES ASSÍNCRONAS (FORA DO HORÁRIO DE AULA)

ÍCONES

O LIVRO ***PRATICANDO A LEITURA E A ESCRITA*** APRESENTA **24 FICHAS** DE TRABALHO.

AS FICHAS APRESENTAM ATIVIDADES PARA VOCÊ DESENVOLVER COM A MEDIAÇÃO DO PROFESSOR.

COMO É BOM SER FELIZ

UM APERTO DE MÃO EU VOU DAR
UM APERTO DE MÃO PRA ______
QUE ESTOU MUITO FELIZ
COMO É BOM SER FELIZ
UM APERTO DE MÃO ______.

UM ABRAÇO EM VOCÊ EU VOU DAR
UM ABRAÇO SÓ PRA ______
QUE ESTOU MUITO FELIZ
COMO É BOM SER FELIZ
UM ABRAÇO ______.

UM BEIJINHO EM VOCÊ EU VOU DAR
UM BEIJINHO DE MÃO PRA ______
QUE ESTOU MUITO FELIZ
COMO É BOM SER FELIZ
UM BEIJINHO ______.

E UM VIVA NÓS VAMOS GRITAR... VIVA!
UM VIVA SÓ PRA DIZER... VIVA!
QUE ESTOU MUITO FELIZ
COMO É BOM SER FELIZ
SEMPRE AMIGOS NÓS VAMOS SER... VIVA!

PATATI PATATÁ. *NO MUNDO ENCANTADO*. SÃO PAULO: RINALDI PRODUÇÕES, 2004. 1 CD. FAIXA 15.

FALAR	GANHAR
CANTAR	COMER
DORMIR	GUARDAR
CONTAR	BEBER

FICHA • 6

FICHAS

AS FICHAS PODEM SER **DESTACADAS** PARA **FACILITAR O SEU MANUSEIO**.

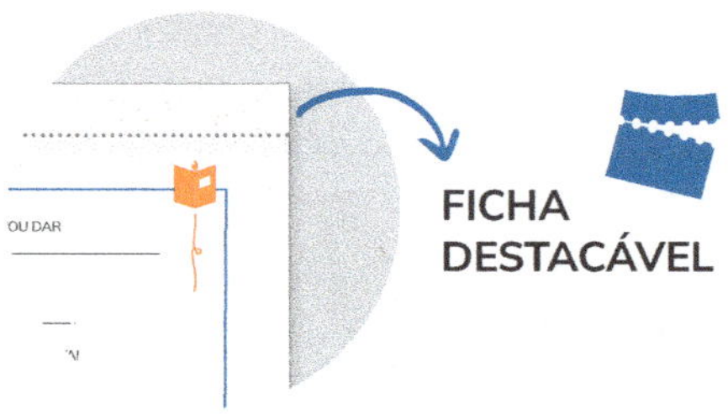

FICHA DESTACÁVEL

FRENTE

FICHA • 18

FICHA • 23

VERSO

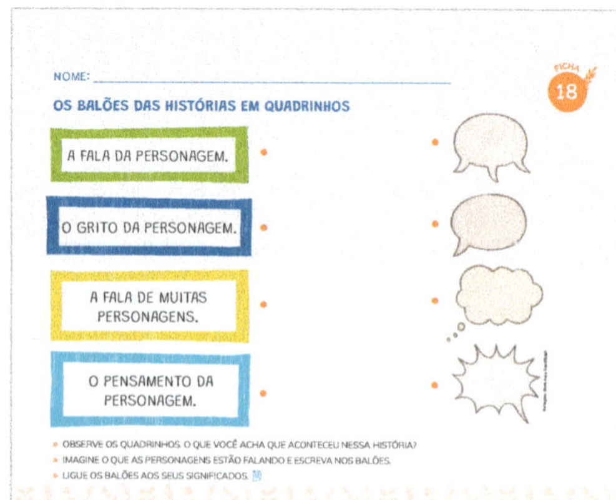

NOME: ______

FICHA 18

OS BALÕES DAS HISTÓRIAS EM QUADRINHOS

A FALA DA PERSONAGEM. •

O GRITO DA PERSONAGEM. •

A FALA DE MUITAS PERSONAGENS. •

O PENSAMENTO DA PERSONAGEM. •

» OBSERVE OS QUADRINHOS. O QUE VOCÊ ACHA QUE ACONTECEU NESSA HISTÓRIA?
» IMAGINE O QUE AS PERSONAGENS ESTÃO FALANDO E ESCREVA NOS BALÕES.
» LIGUE OS BALÕES AOS SEUS SIGNIFICADOS.

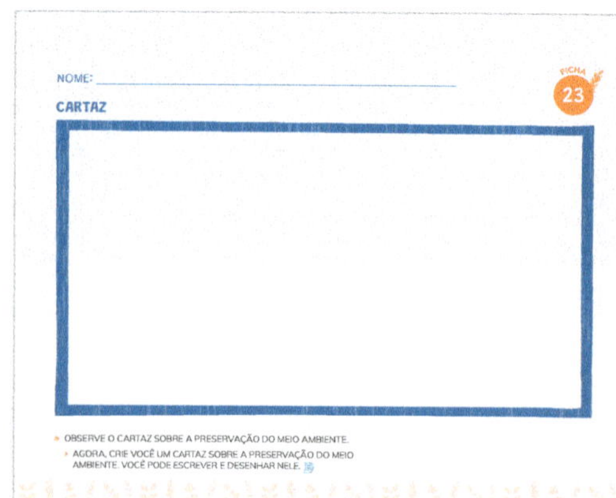

NOME: ______

FICHA 23

CARTAZ

» OBSERVE O CARTAZ SOBRE A PRESERVAÇÃO DO MEIO AMBIENTE.
» AGORA, CRIE VOCÊ UM CARTAZ SOBRE A PRESERVAÇÃO DO MEIO AMBIENTE. VOCÊ PODE ESCREVER E DESENHAR NELE.

SUMÁRIO

1 ADIVINHAS

2 ADIVINHAS

3 RECEITA

4 TIRINHA / PERSONAGENS

5 CARDÁPIO

6 CANÇÃO *COMO É BOM SER FELIZ*

7 DESCREVER A PAISAGEM

8 CONTO *A CIGARRA E A FORMIGA*

9 POEMA *RECEITA DE SE OLHAR NO ESPELHO*

10 LISTA DE INVENÇÕES

11 CRIAR HISTÓRIAS

12 CRIAR POEMA

Ilustrações: Bruna Assis Brasil/ID/BR

SUMÁRIO

Ilustrações: Bruna Assis Brasil/ID/BR

13 CARTÃO-POSTAL

14 CARTÕES

15 CONTO *O ALFAIATE VALENTE*

16 HISTÓRIAS COM OS SONS QUE OS ANIMAIS EMITEM

17 ATITUDES PARA ECONOMIZAR ÁGUA

18 OS BALÕES DAS HISTÓRIAS EM QUADRINHOS

19 ENCENAÇÃO

20 CONTO *BRANCA DE NEVE E OS SETE ANÕES*

21 DIÁRIO

22 ESCREVER HISTÓRIAS

23 CARTAZ

24 CARTA

1

PASSAM O DIA SE BATENDO, MAS NÃO FAZEM MAL UM AO OUTRO.

2

ADIVINHA, Ó CRIANÇA: O QUE O REI ESCONDE NA PANÇA?

3

ÁGUA SEM DO CÉU CAIR, NEM DA TERRA NASCER, E QUE NÃO SERVE PARA BEBER.

Bruna Assis Brasil/ID/BR

FICHA 1

NOME: ______________________________

ADIVINHAS

RESPOSTAS

1

____

2

____

3

____

» TENTE DESVENDAR AS ADIVINHAS QUE O PROFESSOR VAI LER.

» ESCREVA AS RESPOSTAS DAS ADIVINHAS QUE O PROFESSOR LEU.

» CONFIRA COM OS COLEGAS SE VOCÊS ACERTARAM AS RESPOSTAS.

NOME: ________________________________

FICHA 2

ADIVINHAS

» PESQUISE UMA ADIVINHA E ESCREVA-A NO QUADRO, COM A AJUDA DO PROFESSOR.

» DEPOIS, ESCREVA A RESPOSTA DA SUA ADIVINHA E FAÇA UM DESENHO PARA ELA.

» AGORA, VOCÊ E OS COLEGAS VÃO REUNIR TODAS AS ADIVINHAS E CRIAR UM LIVRO DE ADIVINHAS.

Ilustrações: Bruna Assis Brasil/ID/BR

INGREDIENTES

MODO DE FAZER

NOME: ______________________________

FICHA 3

RECEITA

____
____
____
____
____
____
____
____
____
____

» O QUE VOCÊ GOSTA DE COMER? PEÇA AJUDA A UM ADULTO PARA ESCREVER A RECEITA DE UM PRATO DE QUE VOCÊ GOSTE. USE O ESPAÇO NO VERSO DA FICHA PARA FAZER O RASCUNHO DA RECEITA.

» VOCÊ E OS COLEGAS VÃO REUNIR AS RECEITAS ESCOLHIDAS E CRIAR UM CADERNO DE RECEITAS.

POR FAVOR!
CONTA SÓ MAIS UMA MENTIRA!
7105
MAURICIO

NOME: ______________________________

FICHA 4

TIRINHA / PERSONAGENS

» VOCÊ CONHECE AS PERSONAGENS DESSA TIRINHA? CONVERSE COM O PROFESSOR E OS COLEGAS SOBRE ELAS.

» IMAGINE OUTRA HISTÓRIA COM AS PERSONAGENS CASCÃO E PINÓQUIO. CONTE SUA HISTÓRIA PARA OS COLEGAS E OUÇA AS HISTÓRIAS DELES.

› ESCREVA A HISTÓRIA DE QUE VOCÊ MAIS GOSTOU. PODE SER A HISTÓRIA QUE VOCÊ CONTOU OU A HISTÓRIA CRIADA POR UM COLEGA.

MENU

Bruna Assis Brasil/ID/BR

• RESTAURANTE •

ÁGUA NA BOCA

	5 REAIS
	6 REAIS
	8 REAIS

NOME: ____

FICHA 5

CARDÁPIO

» VAMOS BRINCAR DE RESTAURANTE? DESENHE NO MENU OS PRATOS QUE VOCÊ VAI PREPARAR NO SEU RESTAURANTE E ESCREVA O NOME DESSES PRATOS.

COMO É BOM SER FELIZ

UM APERTO DE MÃO EU VOU DAR
UM APERTO DE MÃO PRA ______________________
QUE ESTOU MUITO FELIZ
COMO É BOM SER FELIZ
UM APERTO DE MÃO ______________________ .

UM ABRAÇO EM VOCÊ EU VOU DAR
UM ABRAÇO SÓ PRA ______________________
QUE ESTOU MUITO FELIZ
COMO É BOM SER FELIZ
UM ABRAÇO ______________________ .

UM BEIJINHO EM VOCÊ EU VOU DAR
UM BEIJINHO DE MÃO PRA ______________________
QUE ESTOU MUITO FELIZ
COMO É BOM SER FELIZ
UM BEIJINHO ______________________ .

E UM VIVA NÓS VAMOS GRITAR... VIVA!
UM VIVA SÓ PRA DIZER... VIVA!
QUE ESTOU MUITO FELIZ
COMO É BOM SER FELIZ
SEMPRE AMIGOS NÓS VAMOS SER... VIVA!

PATATI, PATATÁ. *NO MUNDO ENCANTADO*. SÃO PAULO: RINALDI PRODUÇÕES, 2004. 1 CD. FAIXA 15.

FALAR	GANHAR
CANTAR	COMER
DORMIR	GUARDAR
CONTAR	BEBER

Bruna Assis Brasil/ID/BR

NOME: ____

FICHA 6

CANÇÃO *COMO É BOM SER FELIZ*

» CANTE A CANÇÃO COM O PROFESSOR E OS COLEGAS.

» PREENCHA A LETRA DA CANÇÃO COM PALAVRAS DO QUADRO QUE TERMINEM COM O MESMO SOM.

» AGORA, CANTEM A CANÇÃO COM AS NOVAS PALAVRAS.

DECOR 3D/Shutterstock.com/ID/BR

NOME: ______________________________

FICHA 7

DESCREVER A PAISAGEM

» ESCREVA UMA DESCRIÇÃO DA PAISAGEM DA FOTO.

› IMAGINE UMA HISTÓRIA QUE PODE ACONTECER NESSA PAISAGEM. AGORA, ESCREVA ESSA HISTÓRIA.

A CIGARRA E A FORMIGA

HAVIA UMA CIGARRA QUE FICAVA CANTANDO AO LADO DE UM FORMIGUEIRO. ELA SÓ PARAVA QUANDO FICAVA MUITO CANSADA. ENQUANTO CANTAVA, A CIGARRA VIA AS FORMIGAS CARREGANDO COMIDA PARA DENTRO DO FORMIGUEIRO.

O VERÃO ACABOU, VEIO O OUTONO E CHEGOU O INVERNO. A CIGARRA SENTIA SEU CORPO GELADO E NÃO TINHA O QUE COMER. RESOLVEU PEDIR AJUDA.

BATEU NA PORTA DO FORMIGUEIRO ATÉ QUE UMA FORMIGA ABRIU A PORTA E DISSE:

— O QUE QUER?

A CIGARRA RESPONDEU:

— ESTOU COM FOME E COM FRIO, PRECISO DE UM ABRIGO. VOCÊ PODE ME AJUDAR?

A FORMIGA OLHOU A CIGARRA DA CABEÇA AOS PÉS E PERGUNTOU:

— E O QUE VOCÊ FEZ DURANTE O VERÃO?

TREMENDO, A CIGARRA RESPONDEU:

— EU CANTEI.

A FORMIGA, ENTÃO, DISSE:

— ENTÃO ERA VOCÊ QUE CANTAVA DURANTE O VERÃO? SUAS CANÇÕES NOS ALEGRARAM ENQUANTO NÓS TRABALHÁVAMOS. FIQUE COM A GENTE E CANTE PARA NÓS.

A CIGARRA ENTROU, TOMOU UMA SOPA QUENTE E LOGO COMEÇOU A CANTAR E TOCAR SEU VIOLÃO. PARA A CIGARRA E PARA AS FORMIGAS, AQUELE FOI UM INVERNO MUITO FELIZ.

MORAL: A ARTE ALEGRA NOSSOS DIAS.

DOMÍNIO PÚBLICO.

NOME: ______________________________

FICHA 8

CONTO *A CIGARRA E A FORMIGA*

» OUÇA A FÁBULA QUE O PROFESSOR VAI LER.

» COM A AJUDA DO PROFESSOR, PLANEJE COM OS COLEGAS UMA ENCENAÇÃO DA FÁBULA.

› COMO SERÁ O CENÁRIO DA HISTÓRIA? COMO SERÃO AS FANTASIAS? DESENHE SUAS IDEIAS.

NOME: ______________________________

FICHA 9

POEMA *RECEITA DE SE OLHAR NO ESPELHO*

RECEITA DE SE OLHAR NO ESPELHO

SE OLHE DE FRENTE
DE LADO
DE COSTAS
DE CABEÇA PARA BAIXO
PINTE O ESPELHO
DE AZUL DOURADO VERMELHO
FAÇA CARETAS RIA SORRIA
FECHE OS OLHOS ABRA OS OLHOS
E SE VEJA SEMPRE SURPRESA
QUEM É VOCÊ?

ROSEANA MURRAY. *RECEITAS DE OLHAR.*
SÃO PAULO: FTD, 1999.

Bruna Assis Brasil/ID/BR

- » OUÇA O POEMA QUE O PROFESSOR VAI LER.
- » VOCÊ ACHOU O POEMA PARECIDO COM UMA RECEITA?
- » ESCREVA UM POEMA COMO O QUE VOCÊ OUVIU E FAÇA UM DESENHO PARA ELE.

Roman3dArt/Shutterstock.com/ID/BR

INVENÇÕES

- » RODA
- » FOGO
- » ESCRITA
- » BÚSSOLA
- » ELETRICIDADE
- » AUTOMÓVEL
- » COMPUTADOR

knahthra/Shutterstock.com/ID/BR

NOME: ____________________

FICHA 10

LISTA DE INVENÇÕES

» O ROBÔ FEZ UMA LISTA COM AS INVENÇÕES QUE ELE CONSIDERA IMPORTANTES. QUAIS PALAVRAS DA LISTA DELE VOCÊ RECONHECE? CONTORNE-AS.

» COM A AJUDA DO PROFESSOR, LEIA CADA PALAVRA. DEPOIS, CONTE PARA A TURMA: QUAL É A IMPORTÂNCIA DE CADA INVENÇÃO DA LISTA DO ROBÔ?

» QUAIS INVENÇÕES VOCÊ COLOCARIA NA SUA LISTA? ESCREVA-A NAS LINHAS DO QUADRO. DEPOIS, DESENHE NO QUADRO AO LADO AS INVENÇÕES QUE FAZEM PARTE DA SUA LISTA.

NOME: ______________________________

FICHA 11

CRIAR HISTÓRIAS

» IMAGINE COMO SERIA MORAR EM UMA CAVERNA E TER UM OBJETO QUE NÃO EXISTIA NAQUELA ÉPOCA. INVENTE UMA HISTÓRIA ENGRAÇADA SOBRE ISSO.

- NOS QUADROS, DESENHE A HISTÓRIA QUE VOCÊ INVENTOU. ELA DEVE SER DIVIDIDA EM QUATRO PARTES.
- CONTE SUA HISTÓRIA AOS COLEGAS, MOSTRANDO AS ILUSTRAÇÕES QUE VOCÊ FEZ.
- ESCREVA A HISTÓRIA QUE VOCÊ INVENTOU.

G A L I N H A

S E R P E N T E

Ilustrações: Bruna Assis Brasil/ID/BR

S O L D A D O

T O U R O

S A C O L A

C A M A L E Ã O

NOME: ______________________________

FICHA 12

CRIAR POEMA

____

____

____

____

____

____

____

____

____

____

» PINTE AS PALAVRAS ESCONDIDAS DENTRO DAS OUTRAS. DICA: ALÉM DAS LETRAS, OBSERVE TAMBÉM CADA ILUSTRAÇÃO.

» ESCREVA UM POEMA COM AS PALAVRAS ESCONDIDAS E AS PALAVRAS QUE NÃO ESTÃO ESCONDIDAS.

» RECITE SEU POEMA AOS COLEGAS E OUÇA O POEMA DELES.

NOME: ______________________________

FICHA 13

CARTÃO-POSTAL

» VOCÊ JÁ ENVIOU OU RECEBEU UM CARTÃO-POSTAL?

» UM COLEGA VAI MANDAR UM CARTÃO-POSTAL PARA VOCÊ. PARA ISSO ELE VAI PRECISAR DO SEU ENDEREÇO. EM CASA, PEÇA A UM ADULTO QUE ESCREVA SEU ENDEREÇO COMPLETO EM UMA FOLHA DE PAPEL AVULSA. ENTREGUE A FOLHA COM SEU ENDEREÇO AO PROFESSOR.

» VOCÊ TAMBÉM VAI MANDAR UM CARTÃO-POSTAL PARA UM COLEGA. IMAGINE QUE VOCÊ ESTÁ EM UM LUGAR MUITO DIVERTIDO.

- DESENHE O LUGAR ONDE VOCÊ IMAGINOU QUE ESTÁ.
- ESCREVA UMA MENSAGEM PARA SEU COLEGA CONTANDO SOBRE O LUGAR QUE VOCÊ IMAGINOU.
- ESCREVA O ENDEREÇO DO COLEGA NO CARTÃO-POSTAL, NO LOCAL QUE O PROFESSOR VAI INDICAR.
- RECORTE O CARTÃO-POSTAL.

NOME: ______________________________

FICHA 14

CARTÕES

» ALGUMAS SITUAÇÕES NOS CAUSAM NOJO. O QUE FAZER QUANDO ISSO ACONTECE?

» ESCREVA UMA MENSAGEM PARA AJUDAR OUTRAS PESSOAS EM SITUAÇÕES EM QUE SENTEM NOJO.

› FAÇA UM DESENHO QUE REPRESENTE A SUA MENSAGEM.

O ALFAIATE CHEGOU A SER TÃO FAMOSO QUE O REI O CONVIDOU A VIVER EM SEU PALÁCIO.

FICHA 15

NOME: ____

CONTO *O ALFAIATE VALENTE*

» VOCÊ SE LEMBRA DO CONTO *O ALFAIATE VALENTE*? NO FINAL DO CONTO, O ALFAIATE FICOU FAMOSO E FOI CONVIDADO PELO REI PARA VIVER NO PALÁCIO. O QUE VOCÊ ACHA QUE ACONTECEU DEPOIS?

» ESCREVA A CONTINUAÇÃO DA HISTÓRIA *O ALFAIATE VALENTE*.

› DESENHE A CONTINUAÇÃO QUE VOCÊ CRIOU PARA ESSA HISTÓRIA.

alexei_tm/iStock/Getty Images

✦ O

C		C	H		R	R	

LATIU.

yipengge/iStock/Getty Images

✦ O

G		T	

MIOU.

GR92100/Shutterstock.com/ID/BR

✦ O

S		P	

COAXOU.

jamesbergout/iStock/Getty Images

✦ O

B		R	R	

ZURROU.

uzuri/Shutterstock.com/ID/BR

✦ A

V		C	

MUGIU.

GlobalP/iStock/Getty Images

✦ A

G		L		N	H	

CACAREJOU.

NOME: ______________________________

FICHA 16

HISTÓRIAS COM OS SONS QUE OS ANIMAIS EMITEM

» PREENCHA OS NOMES DOS ANIMAIS COM AS LETRAS QUE FALTAM.

» ESCREVA UMA HISTÓRIA EM QUE OS ANIMAIS DA FICHA SÃO PERSONAGENS. USE AS PALAVRAS CORRETAS PARA NOMEAR A VOZ DOS ANIMAIS.

Bruna Assis Brasil/ID/BR

FICHA 17

NOME: ____________________

ATITUDES PARA ECONOMIZAR ÁGUA

» ESCREVA NAS LINHAS ATITUDES QUE PODEMOS TER PARA ECONOMIZAR ÁGUA.

Ilustrações: Bruna Assis Brasil/ID/BR

FICHA 18

NOME: ______________________________

OS BALÕES DAS HISTÓRIAS EM QUADRINHOS

- A FALA DA PERSONAGEM.
- O GRITO DA PERSONAGEM.
- A FALA DE MUITAS PERSONAGENS.
- O PENSAMENTO DA PERSONAGEM.

Ilustrações: Bruna Assis Brasil/ID/BR

» OBSERVE OS QUADRINHOS. O QUE VOCÊ ACHA QUE ACONTECEU NESSA HISTÓRIA?

» IMAGINE O QUE AS PERSONAGENS ESTÃO FALANDO E ESCREVA NOS BALÕES.

» LIGUE OS BALÕES AOS SEUS SIGNIFICADOS.

Bruna Assis Brasil/ID/BR

NOME: ____________________

FICHA 19

ENCENAÇÃO

ESCREVA OU DESENHE EM UMA FOLHA:

- » O NOME DA HISTÓRIA QUE SERÁ ENCENADA.
- » O NOME DAS PERSONAGENS E O QUE ELAS VÃO DIZER, NA ORDEM CERTA. ESCREVA TAMBÉM OS GESTOS QUE AS PERSONAGENS DEVEM FAZER.
- » AS FALAS DO NARRADOR, NA ORDEM CERTA.
- » COMO SERÁ O LUGAR ONDE A HISTÓRIA VAI ACONTECER. LEMBRE-SE DE QUE A HISTÓRIA PODE ACONTECER EM DIFERENTES LUGARES, QUE SE CHAMAM CENÁRIOS.

CONVERSANDO SOBRE O TEATRO QUE FIZEMOS

- » O QUE ACHEI DA ENCENAÇÃO TEATRAL QUE FIZEMOS?
- » DO QUE MAIS GOSTEI NA ATIVIDADE?
- » DO QUE NÃO GOSTEI NA ATIVIDADE?
- » O QUE PODERIA TER SIDO MELHOR?

Ilustrações: Bruna Assis Brasil/ID/BR

» COM A AJUDA DO PROFESSOR, VOCÊ E OS COLEGAS VÃO FAZER UMA ENCENAÇÃO TEATRAL DA HISTÓRIA *JOÃO E O PÉ DE FEIJÃO*. ESCREVA E DESENHE SUAS IDEIAS PARA FAZER ESSA ENCENAÇÃO.

- › ACOMPANHE AS DICAS QUE O PROFESSOR VAI LER SOBRE COMO ORGANIZAR UMA PEÇA DE TEATRO.
- › CONVERSE COM OS COLEGAS SOBRE O QUE VOCÊ ACHOU DA ENCENAÇÃO TEATRAL QUE VOCÊS CRIARAM.

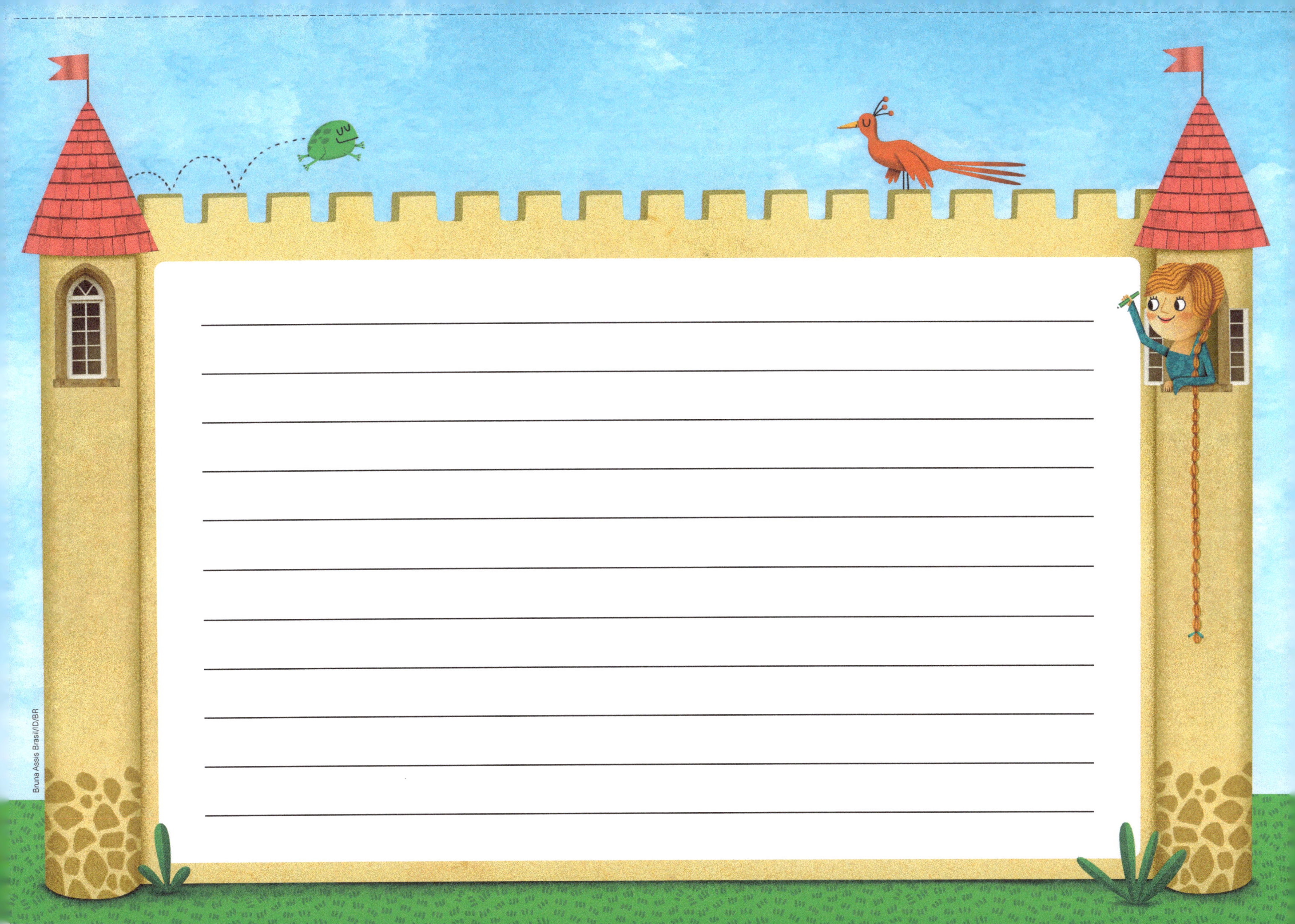

Bruna Assis Brasil/ID/BR

NOME: ____________________

FICHA 20

CONTO *BRANCA DE NEVE E OS SETE ANÕES*

» OUÇA O CONTO DE FADAS QUE O PROFESSOR VAI LER.

» AGORA, RECONTE A HISTÓRIA QUE VOCÊ OUVIU.

» COM A AJUDA DO PROFESSOR, VOCÊ E OS COLEGAS VÃO ESCREVER A HISTÓRIA QUE OUVIRAM.

› FAÇA UM DESENHO PARA A HISTÓRIA.

Bruna Assis Brasil/ID/BR

NOME: ______________________________

DIÁRIO

Ilustrações: Bruna Assis Brasil/ID/BR

O QUE FIZ DURANTE O DIA		
	1:00	
	2:00	
	3:00	
	4:00	
	5:00	
	6:00	

O QUE FIZ DURANTE O DIA		
	7:00	
	8:00	
	9:00	
	10:00	
	11:00	
	12:00	

» ESCREVA NO DIÁRIO COMO FOI O SEU DIA E FAÇA UM DESENHO.

» PREENCHA A TABELA COM O QUE VOCÊ FEZ A CADA HORA DO DIA.

Ilustrações: Bruna Assis Brasil/ID/BR

NOME: ______________________________

FICHA 22

ESCREVER HISTÓRIAS

» VOCÊ DESENHOU UM FINAL PARA ESSA HISTÓRIA E A CONTOU AOS COLEGAS. AGORA, DESENHE NOVAMENTE O FINAL QUE VOCÊ CRIOU PARA ESSA HISTÓRIA E ESCREVA-A NO QUADRO.

› DÊ UM TÍTULO PARA A SUA HISTÓRIA E, DEPOIS, CONTE-A AOS COLEGAS.

» PENSE EM UMA SITUAÇÃO DE CONFLITO QUE VOCÊ VIVEU. COMO ESSA SITUAÇÃO FOI RESOLVIDA? ESCREVA UMA HISTÓRIA SOBRE ISSO.

Bruna Assis Brasil/ID/BR

FICHA 23

NOME: ____

CARTAZ

» OBSERVE O CARTAZ SOBRE A PRESERVAÇÃO DO MEIO AMBIENTE.

› AGORA, CRIE VOCÊ UM CARTAZ SOBRE A PRESERVAÇÃO DO MEIO AMBIENTE. VOCÊ PODE ESCREVER E DESENHAR NELE.

ESPAÇO, 10 DE ABRIL DE 2022.

QUERIDAS CRIANÇAS,

ESTOU VIAJANDO PELO ESPAÇO EM MINHA NAVE. O PLANETA TERRA É LINDO VISTO AQUI DE CIMA.

VIAJAR PELO ESPAÇO É DIVERTIDO, MAS CONFESSO QUE ÀS VEZES SINTO FALTA DO NOSSO QUERIDO PLANETA.

O QUE SERÁ QUE ESTÁ ACONTECENDO POR AÍ? VOCÊS PODERIAM ME MANDAR NOTÍCIAS SOBRE A TERRA?

ESPERO RECEBER SUAS CARTAS LOGO. NÃO DEIXEM DE ME ESCREVER.

UM ABRAÇO,

ASTRONAUTA VIAJANTE.

Bruna Assis Brasil/ID/BR

NOME: ______________________________

FICHA 24

CARTA

Bruna Assis Brasil/ID/BR

» OUÇA A CARTA QUE O PROFESSOR VAI LER.

› AGORA, ESCREVA UMA CARTA RESPONDENDO AO ASTRONAUTA VIAJANTE. VOCÊ TAMBÉM PODE DESENHAR EM SUA CARTA.